AF607432
VERSO

MADRE

JOSÉ Mª SÁNCHEZ ARANDA

averso

Número 46 de la Colección **PERVERSA**

Madre

Edición al cuidado de Averso Poesía
www.aversopoesia.com

Primera edición: marzo de 2025
ISBN: 978-84-129987-4-0
Depósito Legal: GR 353-2025

Impreso en España - *Printed in Spain*

El papel utilizado para la impresión de este libro está calificado como papel ecológico y procede de bosques gestionados de manera sostenible.

MADRE

José Mª Sánchez Aranda

PRÓLOGO

Madre o la poesía como refugio

José María Sánchez Aranda no es un poeta al uso, ya que su imaginario poético no puede ni debe entenderse sin tener en cuenta su lenguaje pictórico.

El autor de *Siempre* o de *Ensoñaciones* ha logrado crear un corpus poético sui géneris, instalado en los cromatismos de una pintura donde los trazos se convierten a su vez en versos.

Pero ¿dónde comienza el poeta? ¿Dónde la palabra se transfigura en imagen? Estas preguntas configuran la realidad vital de un creador total, capaz de eliminar las fronteras entre el lenguaje articulado y la pincelada rasgada y herida por la espátula.

Sus poemas son retazos de vida, fotografías o instantáneas tamizadas por este «pintor de poemas».

Precisamente, *Pintor de poemas* es el título de una de las composiciones que configuran el bloque tercero —Efímeros momentos perennes—, sirviendo de clausura a un poemario tan bien estructurado como sincero.

Aranda es eso y mucho más. Su pluma tiene la fuerza y el desgarro del pincel. En ella, la luz y las formas se besan, creando ilusiones a través de vivos pigmentos, donde las palabras/colores/poemas se convierten en cuadros, capaces de inmortalizar sentimientos y momentos rotos por el discurrir de la vida.

La poesía no entiende de *normas ridículamente humanas*, como el poeta se encarga de hacernos ver en el segundo de los bloques de su poemario. La poesía, como la pintura, le confiere la libertad de poder mirar al cielo, aunque sea con la sonrisa rota, pero con el abrazo eterno.

Nada es lo que parece y todo es lo que pensamos en esta suerte de equilibrio entre quien se siente zarandeado por las inclemencias de la vida y quien conoce y comprende que, al final, *amanece siempre*.

La vida, como la poesía o la pintura, es capaz de atisbar la esperanza entre las nubes grises y el olor a tierra mojada. El poeta deberá decidir cómo afrontar su lucha, si entregarse a la triste derrota o dejarse seducir por la luz que brilla y la brisa que reconforta, en este septiembre que amanece.

Así es *Madre*, como se puede deducir de este recorrido inverso por un poemario con dos itinerarios de lectura. El lógico, lineal y cronológico se ve así enriquecido por esta doble lectura, donde *Tu cabeza sobre la mía* es, por tanto, un poema prólogo y, a la vez, epílogo.

Aranda consigue de este modo convertir la poesía en retazos de vida, hacer de la madre un símbolo de la alegría.

El poeta es un hombre con ojos de niño. Ya no hay miedos y si los hay, estos se diluyen mientras las esperanzas se agrandan en aquella calle donde se posaba la gaviota.

La vida puede y debe ponerse al servicio de la poesía. Aranda lo sabe mejor que nadie. Ahora, en los márgenes de la palabra, en las fronteras de la pintura, todo es posible. El poeta puede seguir siendo un niño, ajeno al frío del invierno y pleno de sueños de grandeza.

Allí, con la cabeza de la madre sobre los hombros, la vida, transmutada en poesía, convertida en pintura, será por siempre un refugio.

Ramón Martínez

Miguel Carini

Tu cabeza sobre la mía

Madre, sentía tu cabeza
reposar sobre la mía
mientras los miedos se diluían
y las esperanzas se agrandaban
en la calle donde se posaba la gaviota
me regalabas minutos de complicidad
mientras yo soñaba con ser un gigante
que con un abrazo pudiera abarcar
el mundo y traértelo a tus pies

Hoy quiero seguir siendo ese niño
repleto de sueños de grandeza
para no saber que el frío invierno ya llegó
y que tu compañía, aunque eterna
se vende cara por una constelación
que quiere hacernos mucho daño
y por eso, madre, quiero volver
a sentir tu cabeza sobre la mía
para saber que aún no te has ido

AMANECE SEPTIEMBRE

Septiembre

Amanece septiembre
entre gotas
y olor a tierra mojada
se vislumbra esperanza
entre grises nubes.

Es suficiente
para sentir
que la luz brilla más
que la brisa reconforta
aunque el dolor sigue.

Se habla de fe
pero solo tú decidirás
si septiembre es lucha
o una triste derrota

María del Pilar

Agarro delicadamente tu cabeza
para estampar un beso en la frente
continuando un acto familiar de afecto
acompañado de un sincero «te quiero»
recordando que me diste vida y sueños
sabiendo que siempre estarás conmigo
aunque sea en el eterno recuerdo

Ingenuidad

Fui tan ingenuo
que con solo mis ganas
pensé que podría salvarte

Tengo pánico

Tengo miedo… sí, tengo miedo
de mirar al final del largo pasillo,
no verte en tu sillón
y saber que no lo haré más.

Tengo miedo… sí, tengo miedo
de no volver a enfadarme contigo
porque hayas vuelto a hacer una de las tuyas.

Tengo miedo… sí, tengo miedo
de que lo único que pueda palpar
sea el recuerdo de una caricia
de tus manos cansadas.

Y tengo miedo… sí, tengo pánico
de que lo único que me quede de ti
sean recuerdos.

Muerte

Mueren los momentos
aunque lo que se pudre es la carne,
aquella que sostuvo besos y caricias,
aquella que se convirtió en matria
y dio cobijo a un solitario niño.
¿Mueren los momentos?
¿O lo que se muere es una parte de mí?

Incertidumbre

Qué caprichosa es mi cabeza
cuando decide bajar de uno en uno
por cada anillo del infierno de Dante.

Qué pesimista cuando entiende
que todo lo que está por llegar será negativo.

Qué sádica cuando atropella
mis pensamientos con miles de desgracias
guiadas por los jinetes del apocalipsis.

Y a lo que verdaderamente no sabe enfrentarse
es a la intolerancia a la incertidumbre.

Saudade

Aquellos abrazos
creo que quedaron en el recuerdo
junto a esos momentos
que no sé si fueron sueños
o retales de vivencias rotas por el tiempo.

Un vacío que no soy capaz
de cubrir ni con un profundo respiro
pues me ahogo...
aguanto miles de golpes sobre mi pecho.
Es una nostalgia a la que no sé ponerle nombre
y que me hace ser un apátrida en mi cuerpo.

Tristeza

Debo dejarte ir
aunque no quiero

Debo dejarte libre
aunque no seas
capaz de serlo

Debo dejarte así
aunque me muero

Porque perdiste
la ilusión y…
los sentimientos

Orfandad

Fuiste mi faro de libertad,
mi protección y fomento de sueños
mi infancia eras tú
y hoy por más que sea ley de vida
no quiero quedarme huérfano

Con los ojos de un niño

No sé si este dolor
me hace más fuerte
pero lo que sí sé
es que mata
ese pequeño ápice
de ingenuidad
que me queda
para mirar este mundo
con los inocentes
ojos de un niño

Madre

Anclado a ti
construí mi mundo
uno donde pudieras
sentir orgullo
de que en un futuro
algo de ti
perviviría en mí

NORMAS RIDÍCULAMENTE HUMANAS

La libertad de mirar al cielo

Fuimos sonrisas rotas
en abrazos eternos
y lo único que nos quedó
fue la libertad de mirar al cielo.

Puerta en un bosque

Quise domar a la libertad
para hablarle a la naturaleza
de normas ridículamente humanas

Quise volar sobre el orbe
para creerme un ave fénix
de cenizas extremadamente débiles

Y lo que de verdad fui...
fue un iluso soñador que quiso
poner una puerta en un bosque

El anhelo de la eternidad

Siempre es un anhelo de esperanza
un concepto de eternidad contigo
un pensarse como un bello recuerdo
aquel que me hace sentir vivo

¿Y si siempre es una mentira?
una entelequia del género humano
un querer, sin querer, pero no puedo
o un alejarme de tu mano

En definitiva… un mundo sin sentido
porque no estoy a tu lado

El árbol de la ira

La sabiduría de las redes
en un movimiento de dedo
sentencia estoicamente
que los seres fuertes
son los que no ceden ante la ira,
¡Qué débil es el ser humano!

No siempre tengo razón

Las ideas me atropellan
haciendo parecer que no me importa
que las horas atraviesen las expectativas
de no encontrar la bondad en la humanidad.
Pero logro tranquilizarme al recordar
que a veces me equivoco.

Palabra vestida de poesía

Que poderosa es la palabra
cuando se viste de poesía,
sin permiso toca sentimientos
que caminan hacia la catarsis,
o eso es lo que queremos creer,
y en otras ocasiones, es solo…
la exhalación de una vida
que busca respirar más fuerte.

Vivir al borde de una pantalla

A lomos de realidades virtuales
cabalgamos por los caminos del tiempo
vivimos en las vidas cínicas de otros
pensando que eso es vivir
y todo al borde de una pantalla
por no sentir el aire del despertar

Trascendencia

Perversos hechos
se esconden
en versos superfluos
de abrazos de aire
que conllevan
una superficial
actitud insana
que enmascara
un miedo natural
a creer… que en el fondo
puede que no seamos
nada, solo carne
en ausencia de alma

Solo un abrazo

Hoy estoy insoportable
no porque quiera ser así
sino por un dolor que ni siquiera
me permito padecer con dignidad,
aunque parezca que soy un estúpido
lo único que estoy pidiendo, aunque torpemente
es que desmontes mi fachada, que calmes mi frío
con un tierno abrazo para hacerme recapacitar,
entender que también puedo permitirme
ser débil, un simple humano.

Vulnerable

Sí, soy vulnerable,
vulnerable al dolor,
vulnerable a los halagos
vulnerable al calor
de una caricia sincera
que hace de mi mundo
un lugar estable

Sí, soy vulnerable
en la fortaleza
de no saber
hacer otra cosa
que sea amarte

Terriblemente cruel

Escucho a Leiva decir
«Sabes que yo puedo
ser terriblemente cruel
cuando se te pase la emoción»
se me esboza una sonrisa
porque sé que es verdad
pues no sólo es una canción
es un mensaje sobre mi piel
que me castiga en mi retorcido sadismo
que se busca con mi sufrido masoquismo
para dejar de serme fiel
y luchar contra mi propio yo

Granada

A veces olvidamos
dónde residen nuestros abrazos
aquellos que portan caricias
cargadas de lindos afectos

A veces no recordamos
dónde nuestra mente varó
para encontrar el lugar
donde el cielo tocó la tierra

para fundirse en un único beso

A veces

No son las cosas que se dicen,
miradas cargadas de desprecios,
silencios llenos de gritos,
gestos que denotan rechazo.

Puedes decirme que me quieres
pero no lo siento.

EFÍMEROS MOMENTOS PERENNES

Relatividad

Hay distancias que son relativas
un mísero milímetro entre nuestras bocas
una brizna de aire entre mis dedos y tu piel
son abismos eternos que hacen del tiempo
otra unidad que no comprendo
pues cada minuto que no te siento
se convierte en una condena tan larga
que me genera inquietantes dudas
de que eso se pueda entender
como existencia

Pintor de poemas

La luz y las formas se besan,
crean ilusiones de vivos pigmentos
aquellos que transforman mis latidos
en gráciles y fuertes gacelas

Las palabras y versos bailan,
levantan antónimos sentimientos
que quedan en efímeros momentos
rotos por el discurrir de la vida

Y no puedo evitar emocionarme
para, por momentos, sentirme…
pintor de poemas

Alto

Sal despacio
con las manos en alto
donde yo las pueda ver
déjame intuirte
sugerente en la penumbra
para ser las caricias futuras
que tengan la suerte
de alcanzar tu piel

Al frente de mi vida

Por un segundo me resigno,
pero soy de naturaleza rebelde
me dejo atrapar por tu mirada
busco un camino a tu mente
analizo mis posibilidades
y aún sabiendo que no son muchas
para mí son las suficientes

En busca de la paz

Encuentro paz
en tus calcetines desgastados,
en el «bien» que me respondes
cuando te pregunto cómo estás,
en las cosquillas que me haces
cuando estamos acostados,
en cómo dices que te gusta un plato
pero no vuelves a probarlo más,
en el chocolate que se aferra a tu boca
mientras me estás hablando
en tu sentido del humor
que me saca una sonrisa de verdad,
en tu manía de llevar tu mochila
llena de juguetes a cualquier lado,
o en tus abrazos sagrados
que no me permiten llorar.

Por ti, encuentro las ganas…
de vivir en paz.

No utilizar en caso de emergencia

Leo
«No utilizar en caso
de emergencia»
pienso en los besos
que en su ausencia
nos condenarán
a la añoranza del otro
pues los labios
quieren ser huellas
para que cuando falten
nuestros encuentros
recordemos que fuimos uno
y por eso…
no es bueno utilizarlos
en caso de urgencia
porque su recuerdo
es tan intenso
que con él, viviremos
en un perverso
síndrome de abstinencia

Beberme el viento

Ya sí que pasaron esos días
en los que me pensaba inmortal
esos en los que me bebía el viento
en el italiano caballo dorado

Sé que ahora soy mortal
y entiendo de mi fortuna
por vivir cogido de vuestra mano

Mi novela

La vida es más vida porque existes
porque desmontaste mi arrogancia
porque me enseñaste a querer con el alma
y por eso, la vida en más bonita porque viniste
para dar verdadero sentido a esta trama

París

Hoy llueve en París
desde aquí siento
cómo la lluvia se precipita
desde la boca de una gárgola
que fue testigo de múltiples siglos
y de nuestra última visita

Hoy creo que llueve en París
para hidratar la esperanza
de que el día absorba la noche
y la luz nos vuelva
a llevar a la Sainte Chapelle

Hoy no llueve en París
porque París es símbolo
de esperanza de un mundo
al que llegué solo
y que ahora se me presenta
como un lienzo de bellos pigmentos
que muestra un futuro acompañado

Amo la vida

Amo los pequeños detalles
que producen grandes cambios
para que nuestra vida siga igual

Síndrome de Stendhal

Te miro y sé
que no puedes
mirarte con mis ojos
pues si fuese así, entenderías
lo de mi síndrome de Stendhal
cuando me acerco a ti

ÍNDICE

EFÍMEROS MOMENTOS PERENNES

Este libro se terminó de editar en Granada
en marzo de 2025 por

www.aversopoesia.com
hola@aversopoesia.com

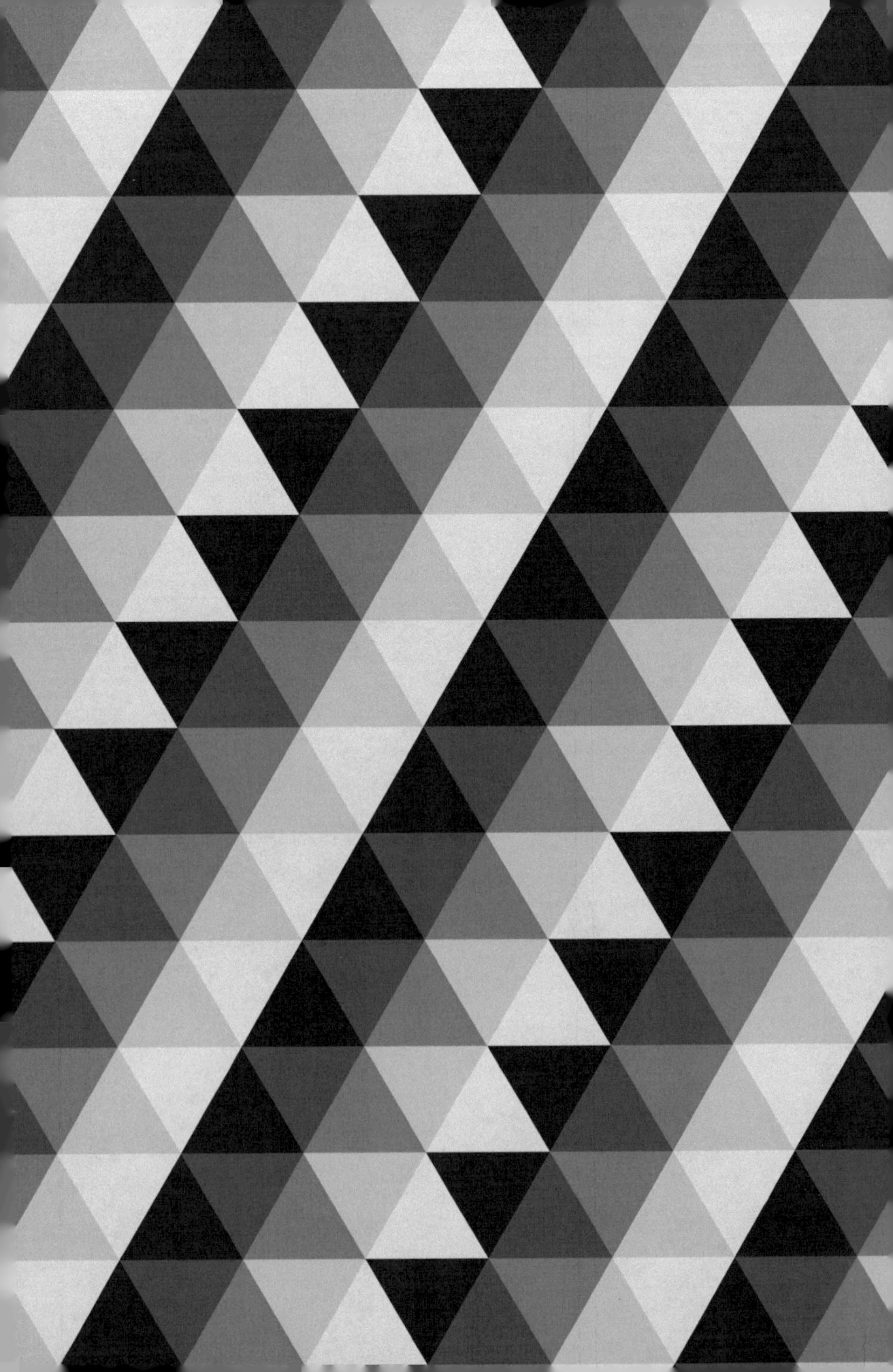